तरुण का सागर

कभी इश्क की तरफ तो कभी विश्व की तरफ

तरूणपाल सिंह राठौड़

Copyright © Tarunpal Singh Rathore
All Rights Reserved.

क्रम-सूची

आमुख · · · · ix

1. शब्दरस · · · · 1

2. अध्याय 2 · · · · 2

3. अध्याय 3 · · · · 3

4. अध्याय 4 · · · · 4

5. अध्याय 5 · · · · 5

6. अध्याय 6 · · · · 6

7. अध्याय 7 · · · · 7

8. अध्याय 8 · · · · 8

9. अध्याय 9 · · · · 9

10. अध्याय 10 · · · · 10

11. अध्याय 11 · · · · 11

12. अध्याय 12 · · · · 12

13. अध्याय 13 · · · · 13

14. अध्याय 14 · · · · 14

15. अध्याय 15 · · · · 15

16. अध्याय 16 · · · · 16

17. अध्याय 17 · · · · 17

18. अध्याय 18 · · · · 18

19. अध्याय 19 · · · · 19

20. अध्याय 20 · · · · 20

21. अध्याय 21 · · · · 21

क्रम-सूची

22. अध्याय 22   22

23. अध्याय 23   23

24. अध्याय 24   24

25. अध्याय 25   25

26. अध्याय 26   26

27. अध्याय 27   27

28. अध्याय 28   28

29. अध्याय 29   29

30. अध्याय 30   30

31. अध्याय 31   31

32. अध्याय 32   32

33. अध्याय 33   33

34. अध्याय 34   34

35. अध्याय 35   35

36. अध्याय 36   36

37. अध्याय 37   37

38. अध्याय 38   38

39. अध्याय 39   39

40. अध्याय 40   40

41. अध्याय 41   41

42. अध्याय 42   42

43. अध्याय 43   43

क्रम-सूची

44. अध्याय 44 — 44

45. अध्याय 45 — 45

46. अध्याय 46 — 46

47. अध्याय 47 — 47

48. अध्याय 48 — 48

49. अध्याय 49 — 49

50. अध्याय 50 — 50

51. अध्याय 51 — 51

52. अध्याय 52 — 52

53. अध्याय 53 — 53

54. अध्याय 54 — 54

55. अध्याय 55 — 55

56. अध्याय 56 — 56

57. अध्याय 57 — 57

58. अध्याय 58 — 58

59. अध्याय 59 — 59

60. अध्याय 60 — 60

61. अध्याय 61 — 61

62. अध्याय 62 — 62

63. अध्याय 63 — 63

64. अध्याय 64 — 64

65. अध्याय 65 — 65

क्रम-सूची

66. अध्याय 66	66
67. अध्याय 67	67
68. अध्याय 68	68
69. अध्याय 69	69
70. अध्याय 70	70
71. अध्याय 71	71
72. अध्याय 72	72
73. अध्याय 73	73
74. अध्याय 74	74
75. अध्याय 75	75
76. अध्याय 76	76
77. अध्याय 77	77
78. अध्याय 78	78
79. अध्याय 79	79
80. अध्याय 80	80
81. अध्याय 81	81
82. अध्याय 82	82
83. अध्याय 83	83
84. अध्याय 84	84
85. अध्याय 85	85
86. अध्याय 86	86
87. अध्याय 87	87

क्रम-सूची

88. अध्याय 88   88

89. अध्याय 89   89

90. अध्याय 90   90

91. अध्याय 91   91

92. अध्याय 92   92

93. अध्याय 93   93

94. अध्याय 94   94

95. अध्याय 95   95

96. अध्याय 96   96

97. अध्याय 97   97

98. अध्याय 98   98

99. अध्याय 99   99

100. अध्याय 100   100

101. अध्याय 101   101

102. अध्याय 102   102

103. अध्याय 103   103

104. एक वक्त था..... ♡   104

105. अध्याय 105   105

106. अध्याय 106   106

107. अध्याय 107   107

108. अध्याय 108   108

109. अध्याय 109   109

क्रम-सूची

110. तुम हो ... ♡ — 110

111. अध्याय 111 — 111

112. उन्हीं से मोहब्बत होती चली गई ... ♡ — 112

113. प्यार का डर...♡ — 113

114. अध्याय 114 — 114

115. संपर्क सूत्र — 115

आमुख

♡ ♡ ♡
सबसे पहले तो आपका धन्यवाद,
मेरी प्रथम पुस्तक
स्वीकार करने के लिए ।
"तरूण का सागर" शीर्षक में
आपको सिर्फ नाम या
भाव या दोनो में से कोई एक
नज़र आ रहा होगा
परंतु "तरूण का सागर" शीर्षक में
'तरूण' का मतलब
युवा पीढ़ी से है ।
यहाँ 'सागर' का मतलब
अपार ज्ञान से हैं ।
इस पुस्तक में आपको कुछ
प्रेम के रस तो कुछ प्रेरणावर्धक
और लोगों की सोच
देखने को मिलेगी ।
♡ ♡ ♡

1

शब्दरस

☺ ☺ ☺

बहोत सोच के नाम रखा
उस महात्मा ने मेरी मां का,
"सागर" !

☺ ☺ ☺

माफ कीजिएगा माँ पे नहीं लिख सकता,
दुनिया बिक जाएगी,
लेकिन स्याही की कीमत अदा नहीं हो पाएगी।

☺ ☺ ☺

अच्छा बुरा तो स्वार्थी देखते हैं,
अपना हो या पराया,
आओ उस टूटे से समाधान की शुरुआत
पहले हम करें ।

☺ ☺ ☺

2

☻ ☻ ☻

जिम्मेदारी तो समाज ने बना रखी है,
वरना कौन पुरुष खाना नहीं बना सकता,
कौन महिला नौकरी नहीं कर सकती ।

☻ ☻ ☻

हमने उसकी हर तकलीफ को अपना समझा,
उस अपने ने हमारी तकलीफ को
कभी अपना नहीं समझा,
चाहे उसकी तकलीफ को सुलझाते-सुलझाते
हम कितनी ही बार तकलीफ में आ गए ।

☻ ☻ ☻

खुद को सही साबित करना तो बहुत आसान है,
मुश्किल तो आज भी खुद को गलत साबित करना है ।

☻ ☻ ☻

3

☺ ☺ ☺

सर्दी में छाँव से परेशान,
गर्मी में धूप से परेशान,
अच्छा ! आप वक्त से परेशान ।

☺ ☺ ☺

प्यार के लिए इंसान का होना नहीं,
उसकी यादें ही काफी है ।

☺ ☺ ☺

एक, दो, तीन, चार
हम हैं ना आपके यार ।

☺ ☺ ☺

4

☻ ☻ ☻

सूरत तो हमारी भी अच्छी थी,
कमबख्त जिम्मेदारियों ने बदसूरत बना दिया।

☻ ☻ ☻

गर्मी में गर्म पानी से न नहाना,
सर्दी में ठण्डे पानी से न नहाना,
बहाने बहोत है इंसानों की फितरत में ।

☻ ☻ ☻

हम गधे भी है और शेर भी,
शांत भी रहते हैं और दहाड़ते भी है ।

☻ ☻ ☻

5

☻ ☻ ☻

कभी - कभी अपनी उदासी
छुपानी पड़ती हैं,
ताकि कोई अपना
उदास ना हो ।

☻ ☻ ☻

नफरत तो परायों से होती है,
अपनों से तो
नाराजगी ही काफी है ।

☻ ☻ ☻

घर ही नर्क बन गया है,
बताओ कौन-से धर्म ग्रन्थ से
निवारण करें ?
#कन्या_भ्रूण_हत्या
#बाल-श्रम

☻ ☻ ☻

6

☻ ☻ ☻

ये जो "पर्सनल-प्रॉब्लम" कहते हो ना
सारी मुसीबत की जड़ ही यहीं है।

☻ ☻ ☻

खुद को अकेला समझ रहे हों,
आसमान हो क्या !

☻ ☻ ☻

आजकल दुःखी सा रहता हूँ,
लगता है, दोबारा खुद से लड़ना पड़ेगा ।

☻ ☻ ☻

7

☻ ☻ ☻

दर्द बहोत है सीने में,
गिनती भुल जाओगे गिनने में ।

☻ ☻ ☻

हम कौन होते हैं,
तुम को नीचा कहने वाले,
सरकार खुद तुमको
अपनी औकात के हिसाब से
नंबर लाने का हक दे रही है।
#आरक्षण

☻ ☻ ☻

जब सब तरफ अँधेरा हो,
तो स्याही से लिखा अँधेरा भी
उजाला ही दिखेगा।

☻ ☻ ☻

8

☻ ☻ ☻

माँ तो बहोत पसंद है,
लेकिन पापा की डांट नहीं ।
दिल कहता है घर जाऊँ,
लेकिन दिमाग की ना है ।

☻ ☻ ☻

होटल में खाना खिलाने वाले
आपके "बेस्ट-फ्रेन्ड",
हमारे तो पुराने ख़यालात के
सच्चे मित्र तो आज भी
घर का खाना खिलाते हैं ।

☻ ☻ ☻

जूते, कपड़े, चेहरे
चरित्र और काबिलियत के
मोहताज नहीं होते ।

☻ ☻ ☻

9

☻ ☻ ☻

उसने हमें कभी समझा नहीं,
हम उसे कभी समझ नहीं पाए ।
#हिसाब_बराबर

☻ ☻ ☻

पहले तो हम भी खाक थे,
आज लेखक है।

☻ ☻ ☻

बातें तो बहोत करनी है आपसे,
लेकिन शुरुआत का
मौका नहीं मिलता ।

☻ ☻ ☻

10

😊 😊 😊

पहली नज़र में
कहां प्यार होता है,
जनाब !
पहली नज़र में तो सिर्फ
चेहरा पसंद आता है।

😊 😊 😊

जमाना अच्छा था पहले,
प्यार बाद में होता था,
इकरार पहले होता,
अब पहले प्यार होता है,
और बाद में "ब्रेक-अप" ।

😊 😊 😊

दोस्त से बड़ा कोई दुश्मन नहीं,
कलम से बड़ा कोई दोस्त नहीं।

😊 😊 😊

11

☻ ☻ ☻

मेरा और आसमान का रिश्ता
एक जैसा है,
हमारी आँखों में सब देखते हैं,
लेकिन उन आँखों में छुपी चुप्पी
किसी को नजर नहीं आती ।

☻ ☻ ☻

इस बेरोजगारी और बेईमानी के दौर में
ईमानदार को भी रोज़गार दिला दो।

☻ ☻ ☻

लड़की अपना दुःख बताए तो
दुःखी,
और लड़के बताए तो
दुःखी आत्मा !

☻ ☻ ☻

12

☻ ☻ ☻

हम तो अपनी ही नज़रों में गिरे,
गैरों में कहां दम था ।

☻ ☻ ☻

ये सफर
आपके मुलाकात के लिए था,
लेकिन कमबख्त
अकेले निकल गये सफर में,
खुद से ही मुलाकात
होती चली गयी ।

☻ ☻ ☻

घर से नफरत होने लगी तो
सफर के लिए निकल गए,
और अब सफर से नफरत होने लगी
तो घर की याद आ गई।
#स्वार्थी_मन

☻ ☻ ☻

13

☺ ☺ ☺

आप उनसे मिलने का मजा लेते हो,
हम तारीख के इंतजार का
लुत्फ उठाते हैं ।

☺ ☺ ☺

आपको शराब के नशे से प्यार हैं,
हमें तो उनकी आँखों के नशे से प्यार हैं ।

☺ ☺ ☺

न दोस्त, न प्रेमी,
न माँ की छाया,
न बाप का सहारा,
बताओ कैसे करें वो
अपना गुजारा ।
#अनाथ

☺ ☺ ☺

14

☻ ☻ ☻

कहीं पहुँचना तो आसान है,
वहाँ से निकलना और भी मुश्किल ।

☻ ☻ ☻

अकेला भी नहीं रह सकता,
किसी से मिलने का भी मन नहीं करता,
अजीब सी दास्ता है दर्द की
दर्द में कोई साथ नहीं रहता ।

☻ ☻ ☻

बेईमानी से पैसा और
ईमानदारी से तारीफ बहोत मिलती है।

☻ ☻ ☻

15

☺ ☺ ☺

पहला प्यार तो पहला प्यार होता है
कमबख्त शहर की हसीन लड़कियाँ भी
उस गाँव वाली लड़की के आगे
फीकी लगती है।

☺ ☺ ☺

लड़का हूँ,
दर्द छुपाने के रिवाज को निभा रहा हूँ।

☺ ☺ ☺

लड़कियों के पास तो दो 'ऑप्शन्स' होते हैं,
लेकिन लड़कों के पास तो
आज भी सिर्फ एक, नौकरी !

☺ ☺ ☺

16

इतना सस्ता नशा नहीं था तेरा कि,
मदिरा उतार सके।

तू तो चली गई,
निकले थे तेरे से अच्छी ढूँढने,
कोई नहीं मिली,
बेवफा ! अब तेरी बुराई से ही
प्यार होता चला गया ।

तेरी तस्वीरें, तोहफें सबको जला दिया,
दिल जल रहा है,
कमबख्त दिल से यादें कैसे मिटाये ।

17

☻ ☻ ☻

बार-बार हारने वाले से सीखों
जीतने की कीमत,
बार-बार जीतने वाले से सीखों
आत्मविश्वास की कीमत ।

☻ ☻ ☻

उसे कहां फुर्सत सच्चे से
मोहब्बत करने की,
वो तो अच्छे चेहरे और
मीठी बातों पे फिदा है ।

☻ ☻ ☻

मेरे पास मत बैठना,
मुझ अकेले की बातें सुन
परेशान हो जाओगे ।

☻ ☻ ☻

18

☺ ☺ ☺

मुझ अकेले की परेशानी मत सुनना,
कहीं खुद की परेशानी ना भूल जाओ ।

☺ ☺ ☺

आप दिमाग पर राज करो,
हम लोगों के दिलों पर राज करते हैं ।
आप उनके दिमाग पढ़ो,
हम सीधा उनके दिल जीतते हैं ।

☺ ☺ ☺

गलती तो हो गई हमसें कि
सिर्फ उस एक से प्रेम हो गया,
अच्छा होता अगर हजारों से होता
तो इतना गम नहीं होता ।

☺ ☺ ☺

19

☻ ☻ ☻

तु धरती सी,
मैं अंबर सा,
बता कैसे होगा अपना संगम ।

☻ ☻ ☻

आपसे मिल कर बात करनी थी,
लेकिन ये जालिम आँखें
हटने का नाम ही नहीं ले रही।

☻ ☻ ☻

धीरे-धीरे हमें समझ रहे हो,
समझने लगे हो,
लेकिन समझ नहीं पाओगे ।

☻ ☻ ☻

20

☺ ☺ ☺

सब लगे है पैसे कमाने की होड़ में,
कमबख्त पेट की भूख
बेईमानी ईमानदारी नहीं देखती ।

☺ ☺ ☺

आप हर पल जी रहे हैं
अपनों के साथ,
हम हर पल काट रहे हैं
खुद के साथ ।

☺ ☺ ☺

कितने ही दोस्त बना लूँ,
1,2,3,4 हजार,
लेकिन तुझ एक सा न कोई ।

☺ ☺ ☺

21

☻ ☻ ☻

आप एक परेशानी पे रो देते हों,
हम सौ परेशानी पे भी मुस्करा देते हैं।

☻ ☻ ☻

श्रम से ली चवन्नी भी अधिक लगेगी,
भले ही कटोरी में अठन्नी मिले।

☻ ☻ ☻

दो दिन की मीठी प्यारी बातें,
फिर आप कहीं मैं कहीं,
दोनों अपने अपने रास्ते,
आप अपनों में मस्त
और हम अपने में मदमस्त!

☻ ☻ ☻

22

😊 😊 😊

वो भी एक दौर था
हम उसे "नॉकिया 1100" से
"एस-एम-एस" के सहारे
बात किया करते थे,
आज वो दौर बदला लेकिन वो नहीं,
अब "विडियो-कॉल" के सहारे
बात किया करते हैं ।

😊 😊 😊

अगर कोई लिखने को बोले
मौहब्बत के पाँच पर्यायवाची तो,
मैं अपने परिवार के
पाँच सदस्यों के नाम लिख दूँगा ।

😊 😊 😊

जिंदगी तो दूसरा मौका नहीं देती,
क्यूँ ना हम दें ।

😊 😊 😊

23

☺ ☺ ☺

दुश्मनी तो किसी वजह से होती है,
बेवजह तो दोस्ती होती है ।

☺ ☺ ☺

प्यार तो हम कर लेते,
लेकिन सुना है,
शराब से ज्यादा ये बर्बाद करती है ।

☺ ☺ ☺

हीरों से तो नहीं,
लेकिन जीरों भी तो नहीं ।

☺ ☺ ☺

24

☻ ☻ ☻

सबसे बड़ा सुख परिवार,
सबसे बड़ा दुःख परिवार ।

☻ ☻ ☻

सभी दुःखी हैं जिंदगी से,
किसी को पैसा तो
किसी को रिश्तेदारी चाहिए ।

☻ ☻ ☻

दूसरी बार इश्क नहीं करना हमें,
पहले में टूट गये थे,
अब टूट कर बिखरना नहीं है ।

☻ ☻ ☻

25

☻ ☻ ☻

प्यार निभाना कहां मुश्किल,
मुश्किल तो दूर जाना हैं ।

☻ ☻ ☻

हाय ! तेरी ये 'फिल्टर' वाली 'सेल्फी',
अच्छा हुआ दिल पे
'फिल्टर' नहीं लगाया,
वरना तेरी असलियत नहीं जान पाते ।

☻ ☻ ☻

कोरोना की "वैक्सीन" तो बना ली,
अब कोई इश्क रोग की भी दवा बना लो ।

☻ ☻ ☻

26

😊 😊 😊

आज काफी दिनों बाद बात हुई,
हमें उनकी आँखों में
प्यार नजर नहीं आया,
उनकी ऐसी आँखें देख
हमारी आँखों से आँसू आ गए ।

😊 😊 😊

तुझे हवा सा एहसास समझा था,
लेकिन तू तो तुफान सी चालाक निकली ।

😊 😊 😊

बेबी, बाबू, सोना,
कहने वाली नहीं चाहिए,
बस वो प्यार से 'तरुण' बोल दे ।

😊 😊 😊

27

☻ ☻ ☻

हम क्या जाने इश्क क्या होता है,
हमने जहाँ दिल फेंका,
वो सीधा कीचड़ में जा गिरा ।

☻ ☻ ☻

पढ़ने ही तो आया करते थे
"कॉचिंग" में,
तुने प्यार सीखा दिया
अब पढ़नें में 'जीरों'
और तेरे प्यार में 'हीरों' ।

☻ ☻ ☻

तू गणित के सवालों सी,
मैं हिंदी के कहानियों सा,
मैं आसान सा तू मुश्किल सी,
तू मुझे समझ नहीं पाएगी,
मैं तुझे सुलझा नहीं पाऊंगा ।

☻ ☻ ☻

28

☺ ☺ ☺

हम आप पर मरते हैं,
इसलिए जिंदा है ।

☺ ☺ ☺

अगर इतना प्यार
किताबों से किया होता तो
अफसर बन जाते,
प्यार तेरे से किया
इसलिए बर्बादी का पहाड़
बन बैठे है ।

☺ ☺ ☺

बारिश का मौसम आ गया,
डर लग रहा है,
कहीं फिर से प्यार ना हो जाए ।

☺ ☺ ☺

29

☻ ☻ ☻

उसने कहा बारिश का
मौसम आने वाला है
कहीं इश्क ना हो जाए,
हमने भी हँस कर कह दिया
बारिश तो सदियों से आ रही है
तू नहीं ।

☻ ☻ ☻

अजीब सी दास्ता है बारिश की,
जब भी आती है,
तेरी यादें साथ लेके आती है।

☻ ☻ ☻

कल बर्बादी के पीछे थे,
आज आबादी के पीछे है,
कल छोकरी के पीछे थे,
आज नौकरी के पीछे हैं ।

☻ ☻ ☻

30

☻ ☻ ☻

जान - जान कहने वालों
कभी जान देकर दिखाओं
जान के लिए ।

☻ ☻ ☻

जब आप लिखना शुरू करोगे
तब पता चलेगी हमारी कीमत ।

☻ ☻ ☻

अकेला थोड़ी हूँ,
मैं हूँ ना खुद के साथ,
खुद को खुद से बेहतर
कौन पहचानेगा !

☻ ☻ ☻

31

☻ ☻ ☻

गलतफहमी हो गई,
मुझे तो इश्क बारिश की सुगंध से था,
तू तो बारिश में धूल गई थी ।

☻ ☻ ☻

बड़ा भाई बाप का किरदार
निभा सकता है,
बड़ी बहन माँ का किरदार
निभा सकती है,
वैसे माँ माँ होती हैं
और बाप बाप ।
इनका किरदार तो
"फिल्मों" में भी पूरा नहीं होता ।

☻ ☻ ☻

सफलता की भी दो मंजिल है,
किसी के लिए पैसा ही प्यार है
तो किसी के लिए प्यार ही पैसा है ।

☻ ☻ ☻

32

☻ ☻ ☻

अगर अब भी ना भटका तो
जिंदगी भर भटकेगा ।
#युवा

☻ ☻ ☻

ताउम्र ही कर दो जेल में बंद,
क्यूँ बार- बार
इश्क में मजबूर करते हो ।

☻ ☻ ☻

पहले फटे कपड़े पहनने वाले
गरीब हुआ करते थे,
आज फटे कपड़े पहनने वाले
अमीर हुआ करते हैं ।
#फैशन

☻ ☻ ☻

33

☻ ☻ ☻

जिसके लिए हम मरने को तैयार थे,
आज वो हमारे लिए मरी समान है ।

☻ ☻ ☻

दोस्ती के बहाने प्यार से
मिलने आया करते थे,
आज तेरे चक्कर में
दोस्ती फीकी पड़ गयी ।

☻ ☻ ☻

डूब गये थे इश्क में,
अच्छा हुआ अकाल आ गया ।

☻ ☻ ☻

34

☻ ☻ ☻

मैं नहीं बताऊंगा
कितनी आग है मेरे अन्दर,
वक्त को भी
मैं बताऊँगा कब बताना है ।

☻ ☻ ☻

तू बारिश की बूँद सी,
तेरी एक झलक,
पूरे वातावरण को ठंडा कर देती है ।

☻ ☻ ☻

फंदा तो जिंदगी लगाती है,
मौत तो बहुत आसान हैं ।

☻ ☻ ☻

35

☻ ☻ ☻

बचपन में बेवजह ही
हँस लिया करता था,
आज किसी वजह पर भी
हंसी नहीं आती ।

☻ ☻ ☻

हार गए इश्क में तेरी नजर में,
जीत गए घर में घरवालों की नजर में ।

☻ ☻ ☻

आपको आप जैसा चाहिए,
ढूंढ लेना जमाने में,
बेवफा बहोत है,
हमारे जैसा ढूंढ़ने मत निकल जाना,
रास्ते रास्ते चलते
कब मंजिल कब्रिस्तान आ जाएगी,
पता नहीं चलेगा ।

☻ ☻ ☻

36

😊 😊 😊

सोशल मीडिया के हँसते चेहरे,
उनके रोने का राज नहीं बताया करते ।

😊 😊 😊

हम बारिश की राह में थे,
हमें तूफान मिला,
हम उसके प्यार की राह में थे,
मंजिल में शिकवा मिला ।

😊 😊 😊

जब मौत से ही डर ना लगे
तब समझ लेना जिंदगी निडर है ।

😊 😊 😊

37

☻ ☻ ☻

जब तूफान भी शांत लगे,
तब समझ लेना खुद में ही बवंडर है ।

☻ ☻ ☻

जब नफरत ही प्यार बन जाए
तब समझ लेना प्यार गहरा है ।

☻ ☻ ☻

जो सुबह शाम के घरों के
चक्कर लगाया करता था,
आज वो शहर की 'लाईब्रेरी' के
चक्कर लगाया करता है ।

☻ ☻ ☻

38

☻ ☻ ☻

बिगड़े तो सब है,
देखना ये है कि सुधरे कितने है ?

☻ ☻ ☻

एक शाम की जाम हम भी पियेंगें,
लेकिन उस शाम की सुबह
कभी नहीं आयेगीं ।

☻ ☻ ☻

हजार बार हार कर भी
जीत की राह पर हूँ,
मेरे लिए इससे बड़ी
कोई जीत नहीं हो सकती ।

☻ ☻ ☻

39

☻ ☻ ☻

लड़कियों के रोटी बनाते ही
काम खत्म हो जाता है,
लड़कों के रोटी बनाते ही
काम शुरू हो जाता हैं ।

☻ ☻ ☻

सबको हँसाने वाले शख्स को
कोई नहीं हँसा सकता ।

☻ ☻ ☻

आप 'ए-सी' और
'मखमल के गद्दें' में
नींद देखते हो,
हमें तो 'गाँव की छत'
और 'दरी' मिल जाए
वो भी काफी है ।

☻ ☻ ☻

40

☻ ☻ ☻

इश्क खरीदने निकले सस्ता मिला,
उसका रखरखाव मँहगा पड़ गया ।

☻ ☻ ☻

जो समाज को कुछ देना चाहते है,
वो समाज से कुछ लेने की
आशा नहीं किया करते ।

☻ ☻ ☻

जब कोई साथ नहीं होता मेरे साथ,
तब 'मैं' साथ होता हूँ मेरे साथ ।

☻ ☻ ☻

41

तुझसे कड़वी बात कर लूँ,
तू इतनी बुरी भी तो नहीं,
तुझसे इश्क कर लूँ,
तू इतनी अच्छी भी नहीं ।

आप घूमों औरों के शहर,
हमें तो खुद के शहर
घूमने की भी फुरसत नहीं ।

सोचा था इश्क समुद्र है,
लेकिन किनारे तक ही सीमित रहा,
पर उसकी गहराई समझ आ गई ।

42

☻ ☻ ☻

'ब्रांड' के कपड़े तो हम भी पहन लेते,
अगर खुद के खरीदे हुए होते ।

☻ ☻ ☻

सौ मुश्किलों, हजार तानों पे
मैं लाखों की हँसी का कारण बना
मैं अकेला खड़ा हूँ ।

☻ ☻ ☻

मेरा इश्क इतना महँगा हो गया कि
अरबों रुपए भी
मात्र कागज बन कर रह गए ।

☻ ☻ ☻

43

☺ ☺ ☺

आप घुमों शहर देखों दुनिया,
हम तो घूमकर कागज़ पे आ गये
लिखते लिखते लेखक बन गए ।

☺ ☺ ☺

आप आईना देख लो तो
चेहरे की सुन्दरता दिख जाती है,
हम आईना देख ले तो
दिल के दर्द दिख जाते हैं ।

☺ ☺ ☺

आप नशा करने के लिए
शराब पीते हो,
हम उनका नशा उतारने के लिए
शराब पीते हैं ।

☺ ☺ ☺

44

☻ ☻ ☻

हम तो आज भी शायर हैं,
कल भी थे, कल भी रहेंगे,
अगर दिल जुड़ा तो आप सनम,
और दिल टूटा तो आप बेवफा
कहलाओगे ।

☻ ☻ ☻

जब कोई साथ नहीं होता मेरे साथ,
तब कलम और कागज का
प्रेमी जोड़ा होता हैं मेरे साथ ।

☻ ☻ ☻

हवा से सीखों
मुश्किलों से कब निकलना है,
पानी से सीखों
मुश्किलों का सामना कैसे करना है ।

☻ ☻ ☻

45

☻ ☻ ☻

महफिल में तो हम बैठ जाते भी
लेकिन
जहां तू नही
वहां नशे का कोई मतलब नहीं ।

☻ ☻ ☻

सबसे बड़ी दुविधा तो ये है की
उस इंसान को ढूंढना
जब आप दुविधा में हो ।

☻ ☻ ☻

हम तो हो गए खफा,
देख के आपकी वफा ।

☻ ☻ ☻

46

☻ ☻ ☻

अकेले ही जन्म हुआ है,
मरना भी अकेले को ही है
और साथ चाहिए दुनिया का
मिल जायेगा श्मशान में ।

☻ ☻ ☻

लाखों दिलो पे राज करने वाला
उस एक दिल से हार जाता है ।

☻ ☻ ☻

रात को सोते सोते आँसु आ जाते हैं,
सुबह याद आता है
उसकी याद बहुत आती है ।

☻ ☻ ☻

47

☻ ☻ ☻

अगर आप गलत हो तो
आपको सुनना चाहिए
अगर आप सही हो तो
आपको बोलना चाहिए ।

☻ ☻ ☻

हमारी मंजिल देख
अपनों ने भी रुख मोड़ लिया
पता चला
मंजिल बड़ी थी
अपनें नहीं ।

☻ ☻ ☻

कमाते दोनो है
चाहे वो व्यापारी हो या लेखक
बस कोई पैसा तो कोई
लोगो के दिल कमाता हैं ।

☻ ☻ ☻

48

☻ ☻ ☻

लोगों को हज़ार बुरायो में भी
एक अच्छाई दिख जाएगी
जब आप लोगो से
बहुत दूर चले जाओगे ।

☻ ☻ ☻

आपके लिए पुराने दिन यादगार और
हमारे लिए याद करने लायक नहीं ।

☻ ☻ ☻

मंजिल एक है
लेकिन रास्ते की अहमियत को समझो ।
आपके घरवालों ने आपके लिए
"सेक्रीफाइस" किया
और हमने घरवालों के लिए
"सेक्रीफाइस" किया ।

☻ ☻ ☻

49

☻ ☻ ☻

सबसे बड़ी गलती
अपनी गलती नहीं मानना ।

☻ ☻ ☻

जब लगे कोई प्यार नहीं करता
तब सवाल लेके
अपनी मां की आँखों में देख लेना
जवाब में प्यार मिलेगा ।

☻ ☻ ☻

मंजिल मौत हैं,
इससे कठिन तो रास्ता है
जो जीवन होने का दावा करती हैं ।

☻ ☻ ☻

50

☻ ☻ ☻

रिश्तो में एक शक
माचिस की तिली की तरह
और रिश्तेदार पेट्रोल की तरह होते हैं ।

☻ ☻ ☻

इश्क तालाब है तो
उसकी बर्बादी समुद्र ।

☻ ☻ ☻

मैंने मोहब्बत की वाह से ज्यादा
अपवाह सुनी है कि प्यार अंधा होता है
खैर दो आँखों का मेल प्यार होता है ।

☻ ☻ ☻

51

☺ ☺ ☺

एक वक्त था,

हम हंस भी लेते थे, रो भी लेते थे

कोई ना कोई मना भी लेता था ।

अब क्या वक्त आ गया

न हंस पाते है, न रो पाते है

और न कोई मनाने वाला है ।।

☺ ☺ ☺

पहला प्यार तुझे समझ लू

इतनी भी तू अच्छी नहीं।

और दूसरा प्यार तो माँ के बाद होता है

दूसरा प्यार वो भी तुझ से कर लू

इतनी तेरी औकात नहीं ।

☺ ☺ ☺

वो 'लेट-रिप्लाई' करती है,

'ईगो' 'मेक्स' पे रखती है

फिर पता चला वो तो फोन भी

'माइक्रो-मेक्स' रखती है ।

☺ ☺ ☺

52

☻ ☻ ☻

हम बात करने के फिराक में थे
वो बात खत्म करने के
फिराक में थे
खैर बातो बातो मे
रास्ता इश्क से मंजिल
नफरत कब बन गई
पता ही नहीं चला ।

☻ ☻ ☻

उस बेटे को भी समझना चाहिए
कि उसकी मां उससे पेसे नहीं मांग रही
इसका मतलब ये नहीं कि
उसे पैसो की जरूरत नहीं ।

☻ ☻ ☻

खुद को बदकिस्मत समझ रहे हों
उस बिन हाथ पैर वाले शख्स को
कोई भीख में चवन्नी भी दे दे तो
खुद को सबसे ज्यादा
किस्मत वाला समझता हैं ।

☻ ☻ ☻

53

☺ ☺ ☺

कभी कभी उम्र अनुभव से ज्यादा
दर्द दे देती हैं ।

☺ ☺ ☺

हमे खरीदना नामुंकिन है
शहर की चकाचौंध भी
हमें लुभा नहीं सकती ।

☺ ☺ ☺

दुनिया से तो लड़ना बहुत आसान है
मुश्किल तो आज भी खुद से लड़ना हैं ।

☺ ☺ ☺

54

😊 😊 😊

शहर में तो सिर्फ कठिनाइयां मिलेगी
गांव में तो कठिनाइयो में भी सुकुन मिलेगा ।

😊 😊 😊

भोली सूरत वाले कहाँ बेवकुफ होते है
वो तो बड़े सहनशील होते हैं ।

😊 😊 😊

जो पहले मर मिटने की बात करते थे
आज वो मार मिटाने की बात करते हैं ।

😊 😊 😊

55

☺ ☺ ☺

उन्होंने हमें फुल कहा
बस हमारी गलती इतनी रह गई
कि उन्होंने हमे अंग्रेजी शब्दकोश का
"फूल" कह दिया
और हमने हिंदी शब्दकोश का
"फुल" समझ लिया ।

☺ ☺ ☺

समय के सिक्के की पलटन तो देखो
जिसके बिना हम रह भी नहीं सकते थे
आज उसका साथ भी नहीं चाहिए

☺ ☺ ☺

सल्तनत तो हम भी बना लेते
अगर बिना डर और खौफ से
लोगो के दिल जीत सकते तो ।

☺ ☺ ☺

56

☻ ☻ ☻

रात में नौकरी करना कहां मुश्किल,
मुश्किल तो धूप में नौकरी करना भी है ।

☻ ☻ ☻

प्यार अँधा होता है
क्या प्यार सिर्फ अँधा ही होता है
प्यार तो अँधा, बेहरा, गूंगा सब होता है
वक्त बताएगा तबीयत प्यार की ।

☻ ☻ ☻

एक बार पूरी दुनिया देखनी है
हर शहर हर जगह
और गाँव लौट कर गलत लोगों को
गलत सबित करना हैं ।

☻ ☻ ☻

57

☻ ☻ ☻

अगर किसी को जरुरत से ज्यादा चाहो तो
उसके साथ बिताये सौ साल भी कम लगेंगे
अगर किसी को जरूरत के लिए ही चाहो तो
उसके साथ बिताया एक सेकंड भी ज्यादा लगेगा ।

☻ ☻ ☻

गरीब और अमीर की भी
क्या दोस्ती होती है
कोई आर्थिक रूप से तो कोई
भावनात्मक रूप से समर्थन करता है
जैसे श्री कृष्ण और सुदामा की जोड़ी ।

☻ ☻ ☻

होशियारी ये नहीं है कि
आपने कितना सीख रखा है
होशियारी तो ये है कि
आप कितना सीखने की चाह रखते हो ।

☻ ☻ ☻

58

☻ ☻ ☻

नाकामयाब लोग कामयाबी के
परिश्रम को नसीब का नाम दे देते हैं ।

☻ ☻ ☻

एक वो जो कैफे में कॉफी पीकर भी
खुद को अधूरा पाते है,
एक हम थे जो एक रुपये में
पूरे मेले का लुत्फ उठाने का
हुनर रखा करते थे ।

☻ ☻ ☻

इस ट्रेन जैसी दुनिया में
मुश्किले बहोत है स्टेशन जितनी
रुक रुक कर सारे स्टेशन आ रहे है,
अपने वक्त पे ।

☻ ☻ ☻

59

☺ ☺ ☺

वक्त गुजर रहा है
एक्सप्रेस की तरह
अपनो से मिलना पड़ रहा है
परायो की तरह ।

☺ ☺ ☺

पैसे कमाने की होड़ में
रिश्ते की दौड़ में पीछे रह गये
- पुरुष
रिश्ते कमाने की होड़ में
पैसे कमाने में पीछे रह गये
- महिला

☺ ☺ ☺

कभी कभी ये समझ नहीं आता
कि किसका शुक्रिया करें
जिसने साथ न दिया उसका या
जिसने साथ दिया उसका
(दुनिया सिखाई इन्होंने)

☺ ☺ ☺

60

☻ ☻ ☻

लोगो को खुश रखना कहाँ मुश्किल,
मुश्किल तो आज भी खुद को
खुश रखना है ।

☻ ☻ ☻

रिश्तेदारों से मत पुछो
रिश्तेदारी की कीमत
रिश्तेदारों से मत समझो
रिश्तेदारी की अहमियत ।

☻ ☻ ☻

तुझे पहली नज़र देख लिया
बिन बारिश के दिल फिसल गया ।

☻ ☻ ☻

61

जो पहले छोड़ने को मना करते थे
वो आज छोड़ने को मजबूर करते हैं ।

अरे कोई इश्क के मरीजों को समझाओ
बारिश में निकली सुंदर कली
प्यार दिखाने का ढोंग करती हैं ।

परवाह किसी की मत करो
लेकिन उनकी परवाह करो
जो आपकी परवाह करते हैं ।

62

☺ ☺ ☺

अपवाह तो ये है कि तेरे बिना
जी नहीं सकते थे
वाह तो ये है कि तेरे बिना
अब मर भी सकते है।

☺ ☺ ☺

खुद से ज्यादा खुदा को समझा
खुदा से ज्यादा तुमको समझा
सब जगह से दूर होकर
सबसे ज्यादा खुद को समझा ।

☺ ☺ ☺

बस एक दरख़ास्त है खुदा से
मंजिल मिले या न मिले
बस सफर युही चलता रहे ।

☺ ☺ ☺

63

😊 😊 😊

यू बार - बार
अपनी तस्वीर ना दिखाओ
अब एक लड़की से
कितनी बार मोहब्बत करे ।

😊 😊 😊

चरित्र साफ होना चाहिए
चेहरे का क्या है
फिल्टर से भी साफ हो जाते हैं ।

😊 😊 😊

पैसा सुकून तो नहीं लेकिन
सुकून से कम भी नहीं ।

😊 😊 😊

64

☺ ☺ ☺

वास्तव में आप व्यस्त हो या
फोन में मस्त हो ।

☺ ☺ ☺

चांद की कहां हैसियत
पुरा आसमान चमकाने की
तारे भी तो है
चांद के चार चांद लगाने के लिए ।

☺ ☺ ☺

लेखक कभी भटकते नहीं
जो भटक जाए वो लेखक नहीं ।

☺ ☺ ☺

65

☺ ☺ ☺

दुनिया ही स्कूल है
और कॉलेज भी,
गलत लोगो से सीखों
गलतियों का नतीज़ा
सही लोगो से सीखों
सही का नतीज़ा ।

☺ ☺ ☺

लड़का लड़की के पीछे
लड़की पैसे के पीछे
पैसा सफलता के पीछे
सफलता दृढ़निश्चय के पीछे ।

☺ ☺ ☺

महक तो उसमें
पहले हुआ करती थी
अब तो उसकी जगह
"परफ्यूम" ने ले ली है ।

☺ ☺ ☺

66

😊 😊 😊

कमी तो कामयाब इंसान की
महसूस होती है
अच्छे इंसान तो सलाह देने तक ही
सीमित रह जाते हैं ।

😊 😊 😊

ये दुनियादारी मेरे काम की नहीं
झूठे हमें पसंद नहीं और
सच्चे हमें मिले नहीं ।

😊 😊 😊

रात की कीमत उनको मत पुछो
जो बताते है सूबह कब आएगी
उनसे पूछो
जो सुबह को शमशान बनाए बैठे है।

😊 😊 😊

😊 😊 😊

राज सबके है
किसी के गहरे है तो
किसी के दफन है तो
किसी ने दफ़नाये है।

😊 😊 😊

उन्हें मत छोड़ो जो सिर्फ
आपको ही चाहते हैं
प्यार उनसे करो जो सिर्फ
आपको ही चाहते हैं ।

😊 😊 😊

शराब से अपनी गाड़ी चलाते हो
सिगरेट से खुद को फूकते हो
कम्बक्त शरीर है या इंजन ।
#शराबी

😊 😊 😊

68

☻ ☻ ☻

आपको देखना ऐसा हो गया है कि
सुबह आओ तो चांद गायब
रात को आओ तो सूरज गायब
अब कैसे जलाए रात में दीया ।

☻ ☻ ☻

तलब लग चुकी है लिखने की
मंजिल ना सही
सफर लिखना हैं ।

☻ ☻ ☻

आग कहा आक्रोश में होती है
हमसे पुछो अंदर की आग का
बाहर से बहुत शांत रहते हैं ।

☻ ☻ ☻

69

☺ ☺ ☺

सौ चीज़ों को सौ जगह

"ट्राय" करने से बेहतर

एक चीज़ को सौ जगह "ट्राय" करो ।

☺ ☺ ☺

मोती जैसी छवी बनाने के लिए

तैयार रहता था

कोयला बनने के लिए ।

☺ ☺ ☺

अब उस परमात्मा पर भी क्या लिखे

सिर्फ एक को मैं मानता नहीं

असंख्य देवी देवताओ पे लिखने की

मेरी हैसियत नहीं ।

☺ ☺ ☺

70

☻ ☻ ☻

बीमार होने पर भी स्वस्थ बताता हूं
मैं घर में सबको सबसे मस्त बताता हूं ।

☻ ☻ ☻

इतनी भाग दौड़ किस लिए
अगर मौत ने रफ़्तार पकड़ ली तो
न खुद रहोंगे न औरों के रहोंगे
सीधा खुदा को प्यारे रह जाओगे ।

☻ ☻ ☻

किसी से इश्क करने की
कोई वजह नहीं होती
अगर सिर्फ वजह ही होती तो
उनसे इश्क न होता ।

☻ ☻ ☻

71

☻ ☻ ☻

बहोत सुना बहोत लिखा
सुन कर लिखा लिख कर सुना
दौड़े भी है चले भी है
हारे भी है जीते भी है
"इंजीनियर" भी है
अब लेखक भी है ।

☻ ☻ ☻

कमी तो उनकी खलती है
जो चर्चाओ में नहीं
आपके दिल में रहते हैं ।

☻ ☻ ☻

दारू पीकर खुद को पूरा मानते हो
मैंने अधुरो को महफिल में
बरबाद होते देखा है ।

☻ ☻ ☻

72

☺ ☺ ☺

हिंदू मुस्लिम दोनों का खून लाल है
बस फर्क इतना रह गया
किसी ने दाढी बढ़ा ली
तो किसी ने मूछे
किसी ने हरा रंग चुन लिया
तो किसी ने लाल
किसी ने टोपी पहन ली
तो किसी ने साफा
किसी ने भगवान को
मस्जिद में देख लिया
तो किसी ने मंदिर में ।

☺ ☺ ☺

जिनकी कदर की उन्होनें कबर खोदी
जिनकी कबर खोदी
उनकी कदर करने लग गए लोग,
वाह रे दुनिया तेरा दस्तूर निराला ।

☺ ☺ ☺

हमेशा खुद को ही दुःखी पाते हो
कभी दूसरो के भी दुःख को समझो ।

☺ ☺ ☺

73

☺ ☺ ☺

आपने भाई से बढ़कर दोस्त कमाये है
हमने दोस्त से बढ़कर भाई कमाये है ।

☺ ☺ ☺

जिनसे कभी हजारो दफा
बातें हुआ करती थी
अब पता नहीं वो
कौनसी दफा लगा बैठे है
इश्क के कानुन में ।

☺ ☺ ☺

एक वक्त पर सब पीछे छुट जाता है
खासकर वो जो
बहोत पसंद हुआ करता था ।

74

☻ ☻ ☻

ये दुनियादारी छोड़,
चलते हैं लद्दाख
तू, मैं और बुलेट ।

☻ ☻ ☻

ये दुनिया बड़ी अजीब है
अचानक से बरसो बाद
किसी का साथ मिल जाता है तो
अचानक से बरसो का साथ
टूट जाता है ।

☻ ☻ ☻

कदर तो कबर खुदने बाद मिलती है
और कबर कदर न मिलने बाद ।

☻ ☻ ☻

75

☻ ☻ ☻

दिन का तो पता नहीं लेकिन
रात को नींद में
मेरी खुद से बातें बहोत होती है ।

☻ ☻ ☻

ये जमाना बदल गया है जनाब
यहां लड़किया "ब्यूटी-पार्लर" वाली
और लड़के "जिम" वाले पसंद आते हैं ।

☻ ☻ ☻

इश्क तो रहने दो फिलहाल
एक बार आपकी आंखों में
डूबने तो दो ।

☻ ☻ ☻

76

☺ ☺ ☺

हम चांद लाने की बात किया करते थे
उनके लिए
अच्छा हुआ उन्होंने मना कर दिया
वरना हमारी हैसियत तो
तारे लाने की भी नहीं थी ।

☺ ☺ ☺

इश्क नहीं करना है, मत करो
बस एक बार झूठा ही सही
दिलासा तो दो ।

☺ ☺ ☺

हँसना नहीं आता,
रोना नहीं आता
ऐ इश्क! तेरे दीदार में
अब इश्क भी नहीं आता ।

☺ ☺ ☺

77

☺ ☺ ☺

रहा नहीं जाता
सहा नहीं जाता
ऐ इश्क! तेरे बिना
अब रहा नहीं जाता ।

☺ ☺ ☺

हम आपसे मोहब्बत करते हैं
आपके अलावा पूरी दुनिया जानती हैं ।

☺ ☺ ☺

गए थे हम भी बाजार में
उनके लिए कुछ सुंदर चीज लाने
कम्बकत उनसे सुंदर
कोई चीज ना मिली
खाली हाथ दिल में
एहसास लिए आ गए ।

☺ ☺ ☺

78

☻ ☻ ☻

किसी के लिए प्यार ही यार है
हमारे लिए यार ही प्यार है ।

☻ ☻ ☻

इश्क का एहसास हुआ तो
गाना सुनने लग गए
कम्बक्त इश्क से टकराव हुआ तो भी
गाना सुनते रह गए ।

☻ ☻ ☻

जो कभी हमें "माई-लाईफ"
कहा करते थे
वो आज "मि एंड माई-लाईफ"
कहा करते हैं ।

☻ ☻ ☻

79

☻ ☻ ☻

आपको देख के विज्ञान भी
फेल हो जाता है
आपको देख के थकान में भी
आराम मिल जाता है ।

☻ ☻ ☻

वक्त कहाँ चुभता है
कभी घड़ी की सुई को तो देखो
वक्त कहाँ भागता है
कभी घड़ी की सुई को तो देखो
वक्त कहाँ थमता है
कभी खराब घड़ी की सुई को तो देखो ।

☻ ☻ ☻

मीठे मुरब्बे सी मोहब्बत मेरी
अब इश्क का अचार
बन के रह गया है ।

☻ ☻ ☻

80

☻ ☻ ☻

यूं तो हजारो चेहरे हैं
इश्क के बाजार में
पर जिसपे दिल रुके वो चेहरा
हजार है इश्क के बाजार में ।

☻ ☻ ☻

आपको देख के विज्ञान भी फेल हो जाता है
आपको देख के थकान में भी आराम मिल जाता है ।

☻ ☻ ☻

अनजान लोग पुछते हैं
लिखते कैसे हो
जानकर लोग पुछते हैं
लिख कैसे लेते हो ।

☻ ☻ ☻

81

☺ ☺ ☺

दौड़ना है तो तू चल कर तो देख
जीतना है तो तू हार कर तो देख
संभलना है तो तू गिर कर तो देख
हँसना है तो तू रो कर तो देख
पाना है तो तू खो कर तो देख ।

☺ ☺ ☺

मोबाइल तू तो अब आया है
वरना वफा करने वाले का खत
और खफा होने के बाद का खत
पढ़ने में सुकुन बहोत मिलता था ।

☺ ☺ ☺

"ऑक्सफोर्ड" से पढ़ने के बाद भी
फोर्ड अफोर्ड नहीं कर पाए ।

☺ ☺ ☺

82

☻ ☻ ☻

लोगो की वजह से मैं
बहोत जला हूं
अब खुद को जलाऊंगा
फिर लोग जलेंगे ।

☻ ☻ ☻

मेरी वाली सबसे अलग है
मेरे से घटिया रोटी बनाती है
लेकिन वो इश्क में
बाजी मार जाती है ।

☻ ☻ ☻

दुसरा प्यार भी कर लु
अगर पहले के जनाजे में जा सकू।

☻ ☻ ☻

83

☻ ☻ ☻

तू सच छोड़
झुठा दिलासा तो दे एक बार
कि मैं साथ हूं तेरे ।

☻ ☻ ☻

तेरे न चाहते हुए भी तुझे चाहा
चाह खत्म हो गई चाहत की चाह में ।

☻ ☻ ☻

आप पेड़ की छाव में बैठे हो
हम उनकी लंबी जुल्फो की छाव में बैठे हैं
आप पर्यावरणप्रेमी हम मोहब्बतप्रेमी ।

☻ ☻ ☻

84

😊 😊 😊

एक आप ही हो
सुकुन की राह में
सुकुन की बातें
सिर्फ आपसे ही
क्यूंकि सुकुन
एक आप ही हो ।

😊 😊 😊

एक लेखक
दुनिया से अलग
दुनिया से हटकर
दुनिया से खफा
कलम से वफ़ा
करने वाला एक वफादार
एक लेखक ।

😊 😊 😊

हमारे लिए अब आप जरुरी नहीं
आपका एक एहसास हमारे प्यार को
ताज़ा कर देता है ।

😊 😊 😊

85

☻ ☻ ☻

मोल कर लो शराब का
इश्क का मत करना
नशा अनमोल है इश्क का ।

☻ ☻ ☻

कुछ तो बात है उनमें
हमारी बंद आंखों में भी
उनकी खुली आंखे दिख जाती है ।

☻ ☻ ☻

मेरे जाने के बाद रोना मत
कोई चुप नहीं कर पायेगा
मेरे जाने के बाद रोना मत
मेरे जैसा हंसाने वाला नहीं मिलेगा ।

☻ ☻ ☻

86

☻ ☻ ☻

साथ चलने का वादा निभाना तुम
साथी मैं बन जाऊंगा
और सारथी तुम बन जाना ।

☻ ☻ ☻

सुबह से ज्यादा रात कीमती है
रातों-रात जिंदगी बदल जाती है ।

☻ ☻ ☻

जब आप को नहीं सुन पाते थे
तो संगीत सुनते थे
अब आपको सुनते है तो
संगीत नहीं सुन पाते ।

☻ ☻ ☻

87

☻ ☻ ☻

जब दिल में भक्ति

दिमाग मे देश हो

तब होती है देशभक्ति

सिर्फ फौज में ही फौजी नहीं होते

वो परिवार भी फौजी है

जिसने फौजी भेजा ।

☻ ☻ ☻

समाज को लड़की के चेहरे में और

लड़कों के जेब में सुंदरता बहोत दिखती है।

☻ ☻ ☻

बातें तो बहुत करनी है

लेकिन सुनने वाला शख्स कोई नहीं ।

☻ ☻ ☻

88

☺ ☺ ☺

मरना तो "फिक्स" है
'टाइम' का "फिक्स" नही
तुझे आज तो देख लू
कल का कोई "फिक्स" नही ।

☺ ☺ ☺

किसी गलत चीज़ को
ज्यादा सोचना
आपकी कम सोच को
बताता है ।

☺ ☺ ☺

मुझे तो दुश्मन भी वो पसंद है
जो बदला नहीं बराबरी करने का
हौसला रखता है ।

89

☻ ☻ ☻

पहले लोग सफल होते थे
बाद में शादी करते थे
और अब पहले शादी करते हैं
बाद में सफल होते हैं ।
(बेरोजगारी में जिम्मेदारी का एहसास)

☻ ☻ ☻

कीमत तो पैसे वाले की होती है
अमीर से लोग सर झुका कर और
गरीब के सामने कसकर
खड़े हो जाते हैं ।

☻ ☻ ☻

आप कहीं और घुलने मिलने लग गये
और हम संक्रमण से दूर होने के लिए
सोशल-डिस्टेंसिंग का पालन कर दिये।

☻ ☻ ☻

90

☻ ☻ ☻

जब रिश्तों से बढ़कर
घमंड हो जाता है तो
घमंड की जीत और
आपकी हार सुनिश्चित हो जाती है ।

☻ ☻ ☻

आदत लग जाती है
हमें हँसाने वाले शख्स को
दर्द चुपाने की
और लोगो को आदत लग जाती है
सिर्फ उनकी हँसी की ।

☻ ☻ ☻

बेशक हमारे जाने के बाद
दुनिया खत्म नहीं होगी
लेकिन आपके लिए
दुनिया खत्म हो जाएगी
हमारी याद में।

☻ ☻ ☻

91

☻ ☻ ☻

उसके सफल होने पर खुद को भी
सफलता का भागीदारी बताते हो
असफ़लता होने पर सिर्फ उसे ही
असफलता का भागीरदार ठहराते हो ।

☻ ☻ ☻

प्यार थोड़ी छुट जाता है
वो तो जब भी याद आए
उसकी याद खास आ जाती है
और फिर मिलने की एक आस
आ जाती है ।

☻ ☻ ☻

रातों की नींद तक तो ठीक था
वो तो सुबह का चैन भी लेके चले गए ।

☻ ☻ ☻

92

☺ ☺ ☺

समराज्य तो मैं भी खड़ा कर लू
लेकिन डर तो ये है की उसकी सीमा
निश्चित नहीं कर पाऊंगा ।

☺ ☺ ☺

वो खाना बहुत तीखा बनाती थी
सबको पसंद आ गई
कम्बक्त हमारी ही जबान मीठी थी ।

☺ ☺ ☺

कीमत पता करनी है खुद की,
जीतेजी तो पता नहीं चलेगी ।

☺ ☺ ☺

93

☻ ☻ ☻

हमसे जलने वाले अलग सा हुनर रखते हैं,
न चाहते हुए भी
हमारी आंखो में सिर्फ आग देखते रहते हैं ।

☻ ☻ ☻

ट्रेन पकड़ ली बिना किसी लापरवाही के
राह पकड़ ली बिना किसी परवाह के ।

☻ ☻ ☻

अपने भेज देते है शहर,
खाली थैला देके
और उम्मीद रखते है,
भरा ठेला आएगा लेके ।

☻ ☻ ☻

94

☻ ☻ ☻

एक बार उन्होने नजरे फेरी
एक बार हमने नजरे फेरी
देखते देखते सिलसिला ए नफ़रत
बन गया
और पूरी मोहब्बत पे पानी फिर गया ।

☻ ☻ ☻

शाम की जाम फीकी है
अगर तू नहीं दिखी है ।

☻ ☻ ☻

मेरा नसीब कभी मेरा साथ नहीं देती,
और मोहब्बत किसी बदनसीब का
साथ नहीं देती ।

☻ ☻ ☻

95

☺ ☺ ☺

हमने पूछा आप कैसे हो
उनका जवाब अच्छा था
उन्होंने पूछा हमारा तो
उनका जवाब सुन
हमारा जवाब
उनका जवाब था ।

☺ ☺ ☺

जहाँ चाह होती है
वहाँ राह होती है
जहाँ चाहत होती है
वहाँ राहत होती है ।

☺ ☺ ☺

लिखना भी बंद कर दू
अगर दिल कहे
मैं धड़कना बंद कर दू !

☺ ☺ ☺

96

☻ ☻ ☻

अपनों के खिलाफ
परायों से दोस्ती
ऐ ज़िंदगी
तू बन चुकी है
मौत !

☻ ☻ ☻

कभी कभी किसी को
बेवकूफ समझना
खुद के लिए सबसे बड़ी
बेवकूफी हो जाती है ।

☻ ☻ ☻

दोस्ती की कोई उम्र नहीं होती
दोस्ती की कोई वजह नहीं होती
जिनके सामने दिल के राज़ खुल जाये
दोस्ती उनसे ज्यादा गहरी
किसी की नही होती ।

☻ ☻ ☻

97

☻ ☻ ☻

दिल ऐसा कमाओ कि
लोग आपके पैसो का न पूछे,
या फिर
पैसा इतना कमाओ कि
लोग आपके दिल का न पूछे ।

☻ ☻ ☻

जाने अनजाने
सबसे गलती हो जाती है
कौन समझाए अपनों को
पराये भी कभी अपने लग जाते है ।

☻ ☻ ☻

काली सूरत, साफ़ दिल को
कोई नही समझ सकता ।

☻ ☻ ☻

98

99

☻ ☻ ☻

आपने हमे सिर्फ वक्त दिया
हमने आप पर एक दौर खर्च कर दिया ।

☻ ☻ ☻

सब कुछ जानकर भी अनजान बनते हो
में इन्सान हूं
इंसान को भी उल्लू बनाते हो ।

☻ ☻ ☻

मोह शोहरत से होता तो
आज करोड़पति होते,
मोह आपकी सूरत से था
इसलिए आज रोड़पति है ।

☻ ☻ ☻

100

☺ ☺ ☺

आज यहाँ कल वहाँ
बाहर ज्यादा घर कम
अपनो की कमी
परायो की दास्ता
ऐ जिंदगी अब नहीं रहा
तेरे से कोई वास्ता ।

☺ ☺ ☺

सिर्फ पैसो के चक्कर में
रिश्ते और नौकरी दोनों में
असफलता हासिल कर ली ।

☺ ☺ ☺

घूमना था ये तो बस बहाना था,
एक बार बस आपसे
मिलकर आना था ।

☺ ☺ ☺

101

☺ ☺ ☺

सब कुछ जानकर भी
अनजान बने हो
आप वास्तव में व्यस्त हो
या खुद में मस्त हो ।

☺ ☺ ☺

आदत लग चुकी है सफर की
मंजिल आसमान है
रफ़्तार धरती पर है
मंजिल से ज्यादा सफर बेहतर है
जब खुद पर भरोसा है ।

☺ ☺ ☺

मैंने मंजिल को बहुत दूर से भी
पास देखा था
फिर पता चला हमने तो
आखो पे पहरा भी
चश्मे का लगा रखा था ।

☺ ☺ ☺

102

☺ ☺ ☺

आजकल के लोगो के चरित्र से ज्यादा
चेहरा निखरता है
काश कोई पाउडर
चरित्र के लिए आ जाए
दुआ करने के लिए
दुनिया को याद कर लू ।

☺ ☺ ☺

जानकर अफसोस होता है कि
जानकर लोग हमें जान नहीं पाते,
पढ़ नहीं पाते ।

☺ ☺ ☺

जब सबसे प्यारी चीज़ छिन जाती है,
तब सबसे प्यारी मौत बन जाती है ।

☺ ☺ ☺

103

☺ ☺ ☺

जवानी कहती है मैं कितनी सुन्दर हूँ
नौकरी कहती है मेरे बिना तु कितनी बदसूरत है

☺ ☺ ☺

खर्चा हो जाता है दिल का
चर्चा जब आपके दिल की होती है ।

☺ ☺ ☺

सुबह के इंतज़ार में शाम गयी
शाम के इंतज़ार में सुबह गयी
उस वक्त के इंतज़ार में ये वक्त गया
मंजिल के इंतज़ार में ये सफर गया ।

☺ ☺ ☺

104

एक वक्त था...... ♡

♡ ♡ ♡
एक वक्त था,
उसकी कड़वी बातें भी
प्यारी लगती थी,
आज उसकी प्यारी बातें भी
कड़वी लगती है ।
♡ ♡ ♡
एक वक्त था,
उसकी पसंद भी हमें पसंद थी,
आज उसकी नापसंद हमें
सबसे ज्यादा पसंद है ।
♡ ♡ ♡
एक वक्त था,
तेरी आँखें देख लेता तो
उसमें डूबने का मन करता था,
आज वहीं आँखें दिख जाए
मुँह फेरने का मन करता है ।
♡ ♡ ♡

105

♡ ♡ ♡
एक वक्त था,
वो बिना "मेक-अप" के भी प्यारी लगती,
आज वो "मेक-अप" भी कर ले,
तो भी प्यारी नहीं लगती ।
♡ ♡ ♡
एक वक्त था,
उसके साथ एक पल बिताने से
खुद को पूरा पाता था,
आज उसके साथ एक पल बिता लूँ तो
खुद को खोखला पाता हूँ ।
♡ ♡ ♡
एक वक्त था,
उसकी एक तस्वीर भी देख लेता
तो भी मन भर जाता था
आज वो सामने भी आ जाए
तो भी मन नहीं भरता ।
♡ ♡ ♡

106

♡ ♡ ♡

एक वक्त था,

वो लम्बी ज़ुल्फों में आ जाती तो

"माधुरी दीक्षित" लगती थी,

आज वो लंबी ज़ुल्फों में आ जाए तो

भूतिया फिल्म की चुड़ैल लगती है ।

♡ ♡ ♡

एक वक्त था,

उसके लिए मेरी आँखों में

प्यार हुआ करता था,

आज उसके लिए मेरी आँखों में

नफरत हुआ करती है ।

♡ ♡ ♡

एक वक्त था,

वो पास बैठ जाती तो

मुसीबतों पर पर्दा आ जाता था,

आज वो पास बैठ जाए तो

मुसीबतों का पर्दाफाश हो जाता है ।

♡ ♡ ♡

107

♡ ♡ ♡
एक वक्त था,
उसके लिए प्यार बढ़ा चला जाता था,
आज नफरतों का पहाड़
बनता जा रहा हैं ।
♡ ♡ ♡
एक वक्त था,
हम उसे सनम समझ बैठे थे,
आज उसे बेवफा समझ बैठे है ।
♡ ♡ ♡
एक वक्त था,
तुझे चाँद समझता था,
आज तुझे गर्मी से परेशान
सूरज समझाता हूँ।
♡ ♡ ♡

108

♡ ♡ ♡
एक वक्त था,
तेरी हर अदाओं पे मरते थे,
आज तेरी परछाई भी देख लें,
तो यूँ ही मर जाते हैं ।
♡ ♡ ♡
एक वक्त था,
तेरे इर्द-गिर्द चक्कर लगाए करते थे,
आज तुझसे दूर जाने के चक्कर में है।
♡ ♡ ♡
एक वक्त था,
तेरे से बात शुरू करने के
तरीके ढूँढ़ते थे,
आज तेरे से बात खत्म करने के
तरीके ढूँढ़ते हैं ।
♡ ♡ ♡

109

♡ ♡ ♡
एक वक्त था,
तुझ से बात कर लेते,
तो दिल को सुकून मिलता था,
आज तुझ से बात कर ले,
तो दिल को पत्थर लगता है ।
♡ ♡ ♡
एक वक्त था,
तेरा एक एहसास मुस्कुराहट का
कारण बन जाता था,
आज तेरा एक एहसास भी
रोने को मजबूर कर देता है ।
♡ ♡ ♡
एक वक्त था,
तेरी तस्वीर देखकर
पूरी किताब लिखने का मन करता था,
आज तू खुद भी सामने आ जाए तो
एक शब्द भी लिखने का मन नहीं करता ।
♡ ♡ ♡

110

तुम हो ... ♡

♡♡♡
तेज़ धूप की छाव तुम हो
इस नफ़रत की दुनिया में
प्यारी तुम हो
इस मतलबी दुनिया में बेमतलबी तुम हो
कांटो की दुनिया में फुल तुम हो
सब झूठों में सच्ची तुम हो
घने जंगल में रास्ता तुम हो
रास्ते में मंजिल तुम हो
शोलो में बर्फ़ तुम हो
कांटे लगे फुल में गुलाब तुम हो
संगीत में ध्वनि तुम हो
सूरज का उजाला तुम हो
अंधेरे में चाँद तुम हो
रात के ख्वाब में तुम हो
प्यासे का पानी तुम हो
अनजानों में जानने वाली तुम हो
बारिश की बूँद तुम हो
♡♡♡

111

♡ ♡ ♡

शराब में नशा तुम हो

महफिल में रखी शराब तुम हो

वजह ढूंढ़ने वालों में

बेवजह मोहब्बत करने वाली तुम हो

ठंडी हवा का एहसास तुम हो

मेरे अकेलेपन का सहारा तुम हो

मेरे हर मुसीबत का समाधान तुम हो

समुद्र की लहर तुम हो

तारों भरे शहर में आसमान तुम हो

परीक्षा का परिणाम तुम हो

मेरे हर सवाल का जवाब तुम हो

मेरे दिल में तुम हो

दर्द की दवा तुम हो

रात्रि की नींद तुम हो

सुबह का जागरण तुम हो

मेरे लिए सब तरफ सिर्फ और सिर्फ

तुम हो ।

♡ ♡ ♡

112

उन्हीं से मोहब्बत होती चली गई ...♡

♡ ♡ ♡
उनसे मिलने जा रहे थे
चंद पल का सफर भी
लंबा लगने लग गया
उनसे मिलने गए तो
छोटी मंजिल भी बड़ी लगने लग गई
उनको एक नज़र देखा तो
पुरा शहर धूंदला गया
एक बार फिर उन्ही से
मोहब्बत होती चली गई
उनके रंगीन मिज़ाज़ के आगे
पूरी दुनिया "ब्लैक-एंड-व्हाइट" हो गई
एक बार फिर उन्हीं से
मोहब्बत होती चली गई ।
♡ ♡ ♡

113

प्यार का डर...♡

♡ ♡ ♡
कितना मुश्किल है
किसी से प्यार करना
अगर प्यार करो तो
छोड़ने का डर
अगर किसी बात पर
बात न करो तो
ताउम्र बात न करने का डर
अगर शक करो तो
उसके विश्वास टूटने का डर
अगर किसी बात पे डाटो तो
उसकी नफरत का डर
अगर ज्यादा बात करो तो
उसकी नजर में निठल्लेपन का डर
अगर कम बात करो तो
'कहीं और चक्कर होगा'
सुनने का डर
♡ ♡ ♡

114

♡ ♡ ♡
अगर ज्यादा "केयरिंग" करो तो
अपनी वैल्यू गिरने का डर
अगर अपनी "लाईफ-प्रॉब्लम"
बतायें तो
दुखी आत्मा सुनने का डर
अगर उसकी लाइफ-प्रॉब्लम
के बारे में पूछें तो
जासूस सुनने का डर
अगर शादी करने की बात करो तो
उसके घरवालो की ना सुनने का डर
अगर वो कैफे बुलाए तो
पर्स में पैसे नहीं होने का डर
अगर उससे मिलते रहे तो
उससे चिपकू सुनने का डर
अगर कम मिले तो
"नोट-केयरिंग" सुनने का डर ।
♡ ♡ ♡

115

संपर्क सूत्र

☺ ☺ ☺

हम से "सोशल मीडिया" के द्वारा जुड़े रहे
ताकि आप और भी
संकलन का आनन्द ले सके ।
किताब संबंधित "रिव्यू" देने के लिए
या किताब प्राप्त करने के लिए
यहा संपर्क करें :-
Email :- tarunpalsinghrathore7773@gmail.com

☺ ☺ ☺

Instagram :-
major_mind_
tarunsa_rathore_
Facebook id :-
Tarunpal Singh Rathore
Twitter :-
Tarunpalsingh03

☺ ☺ ☺